CIENTÍFICOS

que salvan el MUNDO

Traducción de Patricia Antón

Para Jakob, el pequeño científico
que es mi inspiración.
S. G.

Para Özgür, el apasionado de los cohetes
al que tanto quiero.
A. A.

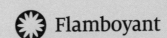
Flamboyant

¡PUES MUCHOS OTROS CIENTÍFICOS INCREÍBLES, CLARO! AHÍ FUERA, EN CUALQUIER LUGAR DEL PLANETA, HAY CIENTÍFICOS QUE HACEN COSAS FANTÁSTICAS...

Navegan por el espacio...

Desentierran dinosaurios...

Van en busca de arcoíris...

Escuchan a los elefantes...

E incluso imaginan cómo viajar en el tiempo.

¿PARA TRAER DE VUELTA UN DINOSAURIO?

AJÁ. MIRA, TE CONTARÉ CÓMO FUNCIONA LA COSA...

LOS CIENTÍFICOS DESCUBREN DINOSAURIOS

Los científicos que desentierran dinosaurios se llaman PALEONTÓLOGOS y se dedican a escarbar por todas partes en busca de dinosaurios y otros animales...

MARY ANNING desenterró un animal antiquísimo ¡cuando solo tenía 12 años!

ESTO ES UN ICTIOSAURIO, ¡NO UN COCODRILO!

Mary inspiró a paleontólogos del mundo entero a buscar dinosaurios en...

¡glaciares, montañas, y rocas!

Los científicos llevan las cosas que encuentran a un museo. LOUIS PURNELL se ocupaba de los fósiles en un museo...

Cuando creen haber encontrado un dinosaurio, se ponen a cavar,
a sacar tierra a paletadas y a taladrar la piedra.

Han encontrado los huesos de un gran animal.

¡Y ahora podemos ver qué aspecto tenía el esqueleto de un dinosaurio!

LOS CIENTÍFICOS NAVEGAN POR EL ESPACIO

Los científicos que navegan por el espacio se llaman ASTRONAUTAS. En algunos países se usan nombres diferentes para describir a los exploradores espaciales.

LEONID KADENYUK fue el primer ciudadano ucraniano al que lanzaron al espacio.

Los astronautas también surcan el espacio para...

construir cosas,

recoger muestras,

cultivar plantas

y ayudar a otros astronautas.

LIU YANG navega por el espacio para comprobar que otros astronautas puedan vivir a salvo en él.

SOY UNA TAIKONAUTA, EN CHINA NOS LLAMAMOS ASÍ.

Una vez que los exploradores espaciales han completado su misión...

se sacuden,

planean,

y se dan un chapuzón de regreso a la Tierra para contarles a otros astronautas cómo es el espacio.

¡Hacen falta miles de científicos para lanzar un cohete!

x 1.000

¿Y LOS CIENTÍFICOS AVERIGUAN COSAS SOBRE EL CLIMA?

¡PUES SÍ!

LOS CIENTÍFICOS VAN EN BUSCA DE ARCOÍRIS

Los científicos que buscan cosas asombrosas como arcoíris —¡y auroras boreales!— se llaman METEORÓLOGOS.

A los meteorólogos les encanta el clima, de modo que se dedican a buscar arcoíris,

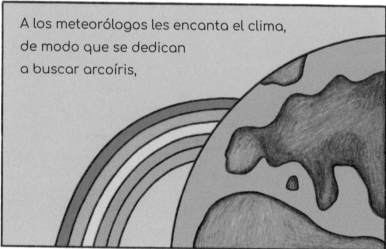

copos de nieve,

gotas de lluvia

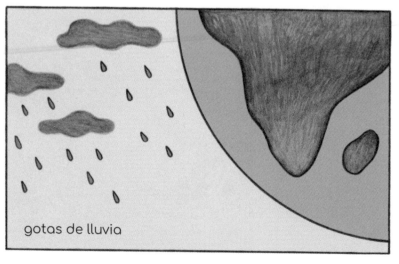

y nubes de tormenta.

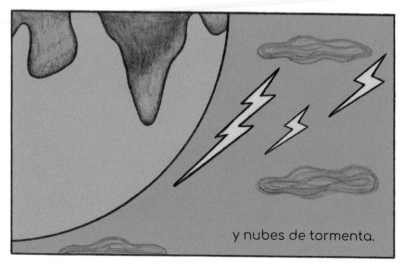

JOANNE SIMPSON descubrió por qué las grandes columnas de nubes cálidas pueden formar huracanes, y ahora podemos predecir cuándo hay uno en camino.

¡OJO, QUE VIENE!

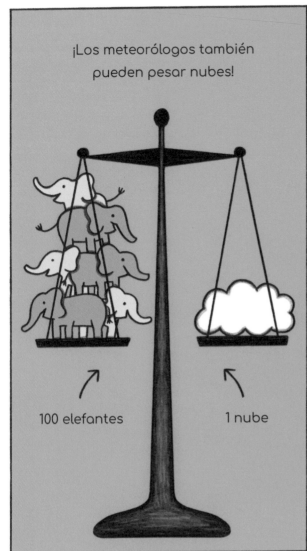

¡Los meteorólogos también pueden pesar nubes!

100 elefantes   1 nube

Cuando los meteorólogos se enteran del tiempo que va a hacer, nos lo explican a los demás. JUNE BACON-BERCEY nos contaba cuándo iba a hacer un sol achicharrante.

¿Y LOS CIENTÍFICOS TAMBIÉN LES CUENTAN COSAS A LOS ANIMALES?

¡SÍ! Y LOS ANIMALES LES HABLAN A ELLOS...

LOS CIENTÍFICOS ESCUCHAN A LOS ELEFANTES

Los científicos que escuchan a los animales se llaman BIÓLOGOS ACÚSTICOS. Su trabajo consiste en oír el barullo que estos arman en cualquier rincón del mundo, y para hacerlo...

navegan por los ríos,

trepan a los árboles altos,

y acampan en...

¡la jungla!

DEEPAL WARAKAGODA andaba de excursión por la selva cuando oyó algo muy raro...

¡BUUU-UH!

¡Era un tipo de búho que nadie había oído hasta entonces!

KATY PAYNE escuchaba a los elefantes en el bosque...

¡BRAAAAUUUU!

y a las ballenas en el mar.

Los biólogos acústicos graban los sonidos que oyen y los ceden a importantes bibliotecas.

LOS CIENTÍFICOS CONSTRUYEN ROBOTS

Los científicos que construyen robots son los INGENIEROS EN ROBÓTICA.
Crean y manejan robots en lugares tan emocionantes como...

platós de cine,

granjas

¡y en el espacio exterior!

STEPHANIE WILSON es una ingeniera que maneja brazos robóticos en el espacio.

Ha ayudado a los astronautas a dar paseos espaciales impresionantes.

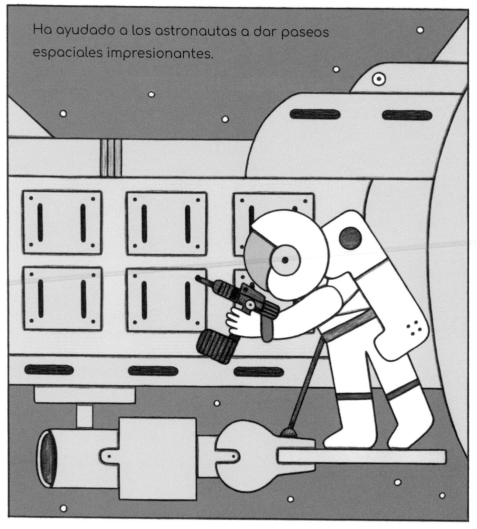

Los ingenieros buscan a veces la inspiración en los animales para construir robots que pueden...

volar,

nadar

y deslizarse.

Shigeo Hirose se ha inspirado en las serpientes.

Sus robots articulados llegan allí donde no llegan los humanos.

Cuando se ha construido un robot, los ingenieros les enseñan a otras personas cómo utilizarlo..., incluso a ti.

¿QUÉ OTROS ANIMALES INSPIRAN A LOS CIENTÍFICOS?

¡LOS TIBURONES!

LOS CIENTÍFICOS NADAN CON TIBURONES

Los científicos que nadan con tiburones se llaman BIÓLOGOS MARINOS.
¡Protegen nuestros mares con sus magníficas aventuras submarinas!

Navegan,

bucean

nadan con peces...,

rayas...

¡y tiburones!

Los biólogos marinos como HANS HASS y EUGENIE CLARK nadan con tiburones para enseñarnos que...

los tiburones son fantásticos,

muy listos

¡y necesitan nuestra ayuda!

¡NO NOS CAPTURÉIS!

Los biólogos marinos filman todo lo que ven con unas cámaras submarinas chulísimas y silenciosas. Así nosotros también podemos verlo y entender por qué debemos cuidar de nuestros mares.

A veces, los científicos descubren criaturas marinas que nadie había visto nunca.

GUSANO ELVIS CON CORAZA

¿QUÉ OTRAS COSAS DESCUBREN LOS CIENTÍFICOS?

COSAS QUE CAEN DEL ESPACIO...

LOS CIENTÍFICOS RECOGEN ROCAS

Los científicos que recogen rocas caídas del espacio se llaman GEÓLOGOS y tienen la colección de rocas más chula que se haya visto nunca...

NATALIE STARKEY es una geóloga que busca rocas que hayan caído del espacio.

Esas rocas pueden ser...

guijarros que caben en la palma de la mano...

o meteoritos llenos de oro...

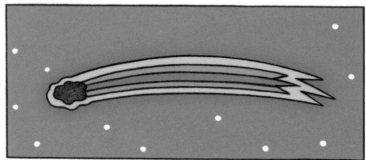

¡Los geólogos también mandan robots al espacio para recoger rocas!

Y a veces las estrellas, cuando mueren, viajan hasta la Tierra a lomos de un asteroide.

Los geólogos abren fragmentos de asteroides para que revelen sus secretos...

Los geólogos también estudian los volcanes.

En el espacio,

en islas

y en los mares.

HARALDUR SIGURÐSSON investiga por qué entran en erupción los volcanes.

BURBUJEAN

RETUMBAN

¡PLOP!

¡LAS ROCAS SON LOS TESOROS DE LA TIERRA!

SÍ. LA TIERRA ESTÁ LLENA DE TESOROS...

Los geólogos anotan de qué está hecha la roca volcánica.

LOS CIENTÍFICOS ESTUDIAN LAS SEMILLAS

Los científicos que estudian las semillas se llaman BOTÁNICOS
y creen que las plantas son el tesoro más valioso que nos da la Tierra...

¡Los botánicos ayudan a crecer a las plantas porque nuestro planeta las necesita!

Los botánicos investigan
qué hace crecer a las plantas.

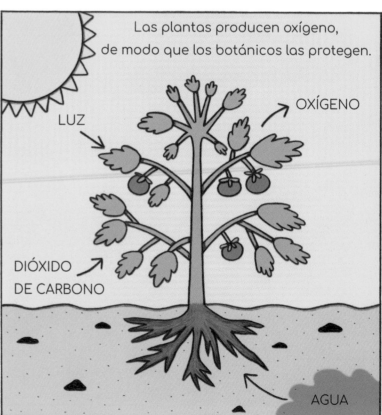

Las plantas producen oxígeno,
de modo que los botánicos las protegen.

LUZ

OXÍGENO

DIÓXIDO
DE CARBONO

AGUA

JANAKI AMMAL se dedicaba a proteger plantas valiosísimas y flores fabulosas que sirven de alimento y refugio para los animales.

Janaki desarrolló la plantación de caña de azúcar en la India y creó nuevas variedades que la gente pudiera cultivar por sí misma.

YNES MEXIA recorrió el río Amazonas en bote, balsa y canoa para recoger plantas que la mayoría de la gente no había visto nunca.

Los botánicos escriben libros sobre plantas para que podamos proteger a esas superheroínas salvadoras de nuestro planeta.

¿Y LOS CIENTÍFICOS PROTEGEN TAMBIÉN A LOS BICHOS?

CLARO QUE SÍ...

LOS CIENTÍFICOS INVESTIGAN LOS CIEMPIÉS

Los científicos que investigan los ciempiés y otros bichos
de muchas patas se llaman ARTROPODÓLOGOS...

FILIPPO SILVESTRI lo pasaba en grande fisgoneando entre ciempiés
y maravillándose ante milpiés.

Los insectos ayudan a las plantas,
las salvadoras del planeta, a conseguir que nuestra Tierra siga siendo verde.

Por eso, los científicos no solo andan curioseando entre ciempiés, sino que también...

se emocionan con las abejas,
que ayudan a crecer
a las plantas,

se preocupan
por los grillos,

y están muy pendientes de las hormigas.

CHARLES HENRY TURNER averiguó cómo encontraban las hormigas el camino de vuelta a sus hormigueros.

Los científicos pasan tanto tiempo estudiando animales que a veces las nuevas especies acaban llevando sus nombres.

CULEBRILLA DE SILVESTRI

Los entomológos son un tipo de artropodólogos que se dedican a describir los insectos. Así, otros científicos pueden llevar a cabo su propio trabajo de campo.

¿Y DE QUÉ OTROS ANIMALES SE OCUPAN LOS CIENTÍFICOS?

¡DE MONTONES DE ELLOS!...

LOS CIENTÍFICOS PROTEGEN NUESTRO PLANETA

Ecologistas, zoólogos, meteorólogos y muchos otros científicos que has visto en este libro estudian la Tierra para averiguar cómo protegerla. Los animales están en peligro porque nuestro planeta se está calentando. Este fenómeno se conoce como cambio climático.

Los científicos han descubierto que podemos contribuir a proteger nuestro planeta contra el cambio climático si...

WANGARI MAATHAI ayudó a plantar 30 millones de árboles.

DAVID ATTENBOROUGH nos ha animado a luchar contra el cambio climático con sus increíbles documentales sobre la naturaleza.

Los científicos trabajan incansablemente para explicarnos cómo podemos salvar nuestro mundo.

¡RECICLA!

¡REUTILIZA!

¡REFORESTEMOS!

¿Y DE QUÉ OTRAS FORMAS SALVAN EL MUNDO LOS CIENTÍFICOS?

MEDIANTE LA MEDICINA...

LOS CIENTÍFICOS SALVAN VIDAS

Los científicos salvan las vidas de la gente con sus maravillosos medicamentos. La lista de los diferentes científicos que salvan vidas es demasiado larga para incluirla aquí, pero...

Es posible que hayas oído hablar de quienes inventan las vacunas.

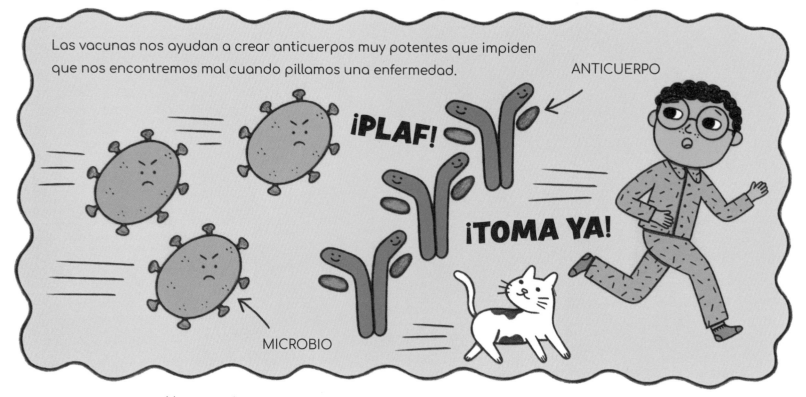

Las vacunas nos ayudan a crear anticuerpos muy potentes que impiden que nos encontremos mal cuando pillamos una enfermedad.

ANTICUERPO

¡PLAF!

¡TOMA YA!

MICROBIO

Hace muchos años, Rachel Schneerson contribuyó a inventar una vacuna que desde entonces ha salvado por lo menos siete millones de vidas.

HAEMOPHILUS INFLUENZAE TIPO B

A veces, los científicos que salvan vidas tienen que trabajar superrápido…

UĞUR ŞAHIN y ÖZLEM TÜRECI son dos de los científicos que han creado la vacuna de Pfizer que nos protege contra la COVID-19.

Al ocuparse de todos los seres vivos, los científicos están salvando el maravilloso mundo que conocemos.

LOS CIENTÍFICOS ESTUDIAN LOS VIAJES EN EL TIEMPO

Los científicos que se ocupan de cómo viaja la luz a través del espacio se llaman ASTROFÍSICOS. Estudian el fenómeno más exótico que tiene lugar en el universo...

Unos agujeros negros supermasivos e hiperactivos que se llaman... ¡BLAZARES!

JEDIDAH ISLER se dedica a descubrir cómo funcionan y nos lo cuenta...

Los agujeros negros giran a gran velocidad.

Los agujeros negros se encuentran en el centro de las galaxias.

Los agujeros negros se crean a partir de estrellas pero no brillan como estrellas.

Su fuerza gravitatoria es tan potente que ni siquiera la luz puede escapar de ellos.

Los ASTROFÍSICOS estudian también el tamaño y la forma del espacio.

NETA BAHCALL se dedica a trazar mapas del universo.

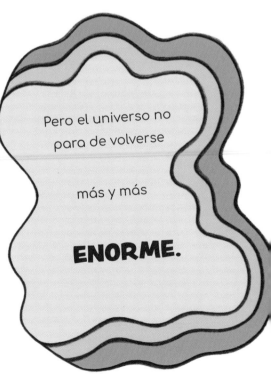

Pero el universo no para de volverse

más y más

ENORME.

Los científicos también investigan cómo viajan las cosas a través del espacio...

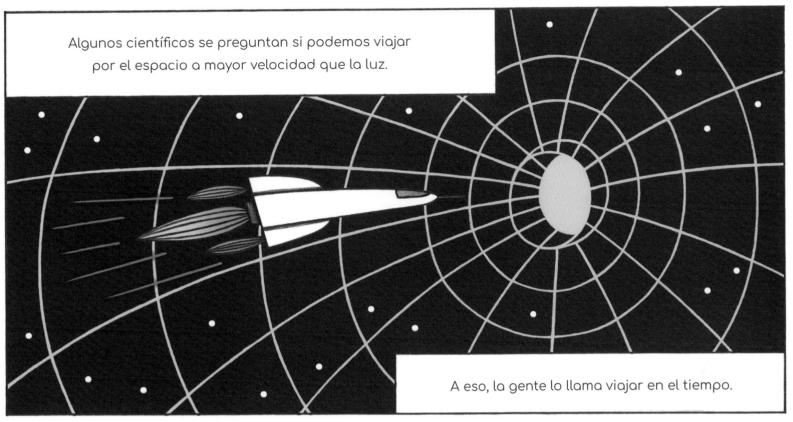

Algunos científicos se preguntan si podemos viajar por el espacio a mayor velocidad que la luz.

A eso, la gente lo llama viajar en el tiempo.

Quizás, algún día, a los científicos se les ocurrirá cómo viajar hasta todos los rincones del universo e incluso... en el tiempo y hasta el pasado.

¿A CIENTÍFICOS COMO YO?

¡PUES SÍ! PORQUE RESULTA QUE...

LOS CIENTÍFICOS SON COMO TÚ

Ya habrás visto que ahí fuera hay toda clase de científicos haciendo cosas increíbles y espectaculares, y todos ellos empezaron...

haciendo preguntas sobre dinosaurios,

contemplando las estrellas,

interesándose por las ballenas,

viendo crecer las plantas

y soñando con
vivir aventuras,
justo igual que...

¡TÚ!

Así empezaron los científicos adultos. ¡Ellos también fueron una vez pequeños científicos!

¿QUÉ CIENTÍFICO TE INSPIRA?

MARY ANNING
(1799-1847)

Era una paleontóloga que desenterraba animales prehistóricos. Su padre le enseñó a buscar fósiles cuando Mary tenía solo cinco años. Él los vendía en su tienda. Su trabajo inspiró a los paleontólogos para buscar dinosaurios.

LOUIS PURNELL
(1920-2001)

Era piloto de combate, explorador marino y paleontólogo. Trabajó en museos famosos y viajó por todo el mundo identificando antiquísimos fósiles y muestras tomadas de los fondos marinos.

LEONID KADENYUK
(1951-2018)

Era un astronauta ucraniano que surcó el espacio a bordo del transbordador espacial estadounidense Columbia. Realizó experimentos para ver cómo se comportaban las plantas en la microgravedad. Otra de sus tareas fue estudiar las capas del Sol.

LIU YANG
(1978)

Fue la primera mujer china en navegar por el espacio. Liu pilotaba aviones en el ejército antes de formarse como astronauta. Viajó a una estación espacial en una increíble misión cósmica para llevar a cabo ciertos experimentos.

JOANNE SIMPSON
(1923-2010)

Era una meteoróloga que descubrió cómo funcionan los huracanes. Junto con otro científico, Herbert Riehl, explicó que las grandes nubes tropicales bombean calor y generan vientos potentes y huracanados.

JUNE BACON-BERCEY
(1928-2019)

Era una meteoróloga pionera que aparecía a menudo en televisión. Sus espectaculares conocimientos sobre la atmósfera terrestre significaban que podía predecir cuándo se avecinaba un tiempo cálido.
¡E impartía clases a niños!

DEEPAL WARAKAGODA
(1965)

Es un experto en sonidos de aves. Un día, en la selva, oyó un canto que nadie había grabado nunca hasta la fecha. Era un autillo de Thilo Hoffmann, la primera nueva especie de ave que se descubría en Sri Lanka desde 1868.

KATY PAYNE
(1937)

Es una bióloga acústica que ha registrado los sonidos que emiten los elefantes. En el mar, Katy y su marido Roger llevaron a cabo el asombroso hallazgo de que las ballenas jorobadas entonan canciones.

STEPHANIE WILSON

(1966)

Creció contemplando el cielo nocturno. Actualmente es astronauta e ingeniera: ha viajado al espacio y ha contribuido a fabricar el equipo para importantes misiones espaciales.

SHIGEO HIROSE

(1947)

Es un ingeniero que construye robots. Observa a las serpientes para fabricar robots articulados que imiten sus movimientos. Los robots de Hirose pueden explorar lugares en la Tierra que para los humanos son de difícil acceso.

HANS HASS

(1919-2013)

Era un biólogo marino y buzo al que le encantaban los tiburones. Nadó con miles de tiburones, les tomó fotografías y los filmó para enseñarle al mundo lo maravillosos que son.

EUGENIE CLARK

(1922-2015)

Estaba decidida a descubrir qué se sentía nadando con tiburones. Montó a horcajadas en un tiburón ballena, descubrió tiburones dormidos en cuevas submarinas e incluso amaestró tiburones limón.

NATALIE STARKEY

(1982)

Es una geóloga que abre rocas caídas del espacio para comprobar qué tienen dentro. Estudiar esas rocas la ayuda a imaginar cómo se creó nuestro universo. Ha escrito libros de cosmología sobre el polvo de estrellas y volcanes en otros planetas.

HARALDUR SIGURÐSSON

(1939)

Es un geólogo que ha visitado volcanes en muchos lugares del mundo. Incluso investiga volcanes en los mares. Ayuda a otros científicos a averiguar cómo libera el magma sus gases tóxicos.

JANAKI AMMAL

(1897-1984)

Era una botánica que protegía la vida vegetal en la India. Se alzó en defensa del Valle Silencioso de Kerala, un bosque que es el hogar de miles de plantas. Y ayudó a la gente de su país a cultivar sus propios alimentos.

YNES MEXIA

(1870-1938)

Era una botánica que navegó miles de millas por el río Amazonas para recoger especímenes de plantas. Durante sus audaces exploraciones descubrió más de quinientas nuevas especies de plantas.

FILIPPO SILVESTRI

(1873-1949)

Dejó constancia por escrito de las diferencias entre ciempiés y milpiés. Como entomólogo, estudió además un tipo especial de termita. Asombró al mundo con sus conocimientos sobre insectos.

CHARLES TURNER

(1928-2019)

Era un zoólogo y entomólogo pionero que nos enseñó un montón de cosas sobre el comportamiento de los insectos. Estudió las hormigas para averiguar cómo encontraban el camino de vuelta al hormiguero.

WANGARI MAATHAI

(1940-2011)

Se crio en África entre hermosos bosques. Puso en marcha una campaña para ayudar a las mujeres de la zona a plantar árboles. Fue la primera mujer africana que recibió el Premio Nobel de la Paz.

DAVID ATTENBOROUGH

(1926)

Creció estudiando insectos, anfibios y fósiles. Ha viajado p[or] el mundo para observar la vid[a] de los animales y ha realizad[o] muchos documentales que nos cuentan por qué debema[os] proteger nuestro planeta.

RACHEL SCHNEERSON

(1932)

Es una médica que, junto con otros científicos increíbles, ha desarrollado una vacuna contra la meningitis. Su descubrimiento ha salvado millones de vidas en el mundo y ha contribuido al desarrollo de otras vacunas.

UĞAR ŞAHIN Y ÖZLEM TÜRECI

(1965 y 1967, respectivamente)

Han trabajado con otros científicos para desarrollar la vacuna de Pfizer que nos protege contra la COVID-19. Su compañía farmacéutica, BioNTech, se asoció con Pfizer para crear una vacuna que ha salvado muchas vidas.

JEDIDAH ISLER

(1982)

Es una astrofísica que investiga los agujeros negros supermasivos en el espacio. Esos blazares expulsan megachorros de partículas. Una de las tareas de los astrofísicos es determinar la velocidad a la que las cosas viajan a través del espacio.

NETA BAHCALL

(1942)

Es una astrofísica cuyo interé[s] es descubrir si el universo continuará en expansión. Estudia la materia oscura, que consiste en todo lo que está en el espacio aunque nosotros no podamos verlo.

Publicado por primera vez en el Reino Unido en 2022 por Magic Cat Publishing Ltd con el título *Scientists Are Saving the World!*
Texto © Saskia Gwinn, 2022 • Ilustraciones © Ana Albero, 2022
Dirección editorial de Rachel Williams y Jenny Broom
Diseño de Ella Tomkins
Edición de Rachel Williams

De esta edición © Editorial Flamboyant, S. L., 2022
Gran Via de les Corts Catalanes, 669 bis, 4.º 2.ª Barcelona (08013)
www.editorialflamboyant.com

Traducción del inglés © Patricia Antón, 2022
Corrección de Raúl Alonso Alemany

Todos los derechos reservados.

Primera edición: septiembre de 2022
ISBN: 978-84-18304-87-3
DL: B 9756-2022

Impreso en China

Libro libre de emisiones de CO_2 gracias al acuerdo establecido con la Fundación Plant-for-the-Planet.

MIXTO
Papel procedente de fuentes responsables
FSC® C104723
www.fsc.org